AF407905

mela

omena

pera

päärynä

arancia

appelsiini

limone

sitruuna

uva

viinirypäleet

fragola

mansikka

cocomero

vesimeloni

cocco

kookospähkinä

banana

banaani

lampone

vadelma

kiwi

kiivi

ciliegia

kirsikka

mirtillo

mustikka

prugna

luumu

pesca

persikka

fico

viikuna

ananas

ananas

mango

mango

cachi

persimoni

cavolfiore

kukkakaali

zucchina

kesäkurpitsa

melanzana

munakoiso

carota

porkkana

patata

peruna

cavolo

kaali

pomodoro

tomaatti

spinacio

pinaatti

broccolo

parsakaali

piselli

herneet

zucca

kurpitsa

zucca pepona

myskikurpitsa

avocado

avokado

carciofo

artisokka

fungo

sieni

ravanello

retiisi

aglio

valkosipuli

cipolla

sipuli

barbabietola

punajuuri

porro

purjo

peperone

paprika

peperoncino

chili

asparago

parsa